I0835215

Mirlo Bermellón

Mirlo Bermellón

Primera edición, 2025
Edición y diseño editorial: Editorial Shanti Nilaya

ISBN | 978-1-970263-35-0
ebook | 978-1-970263-36-7

shantinilaya.life/editorial

NO ES UN CANTO,

ES EL LLANTO DE UN MIRLO HERIDO.

Se encuentra en la Ciudadela de Copas de Árbol un par de mirlos. Uno de ellos emite un canto tan suave, que la otra ave de su misma especie descubre que se puede escuchar por los poros. Sin intermitencias, sin dificultades, el canto del mirlo atraviesa su estructura; lo atraviesa en coros. Alegre lo felicita. ¿Qué incita al ave a cantar tan dulce? Sabe que sus vidas son breves, y solo valdrán si viven adrede. Así que pregunta al ave que canta: «¿Qué te hace cantar en tan armonioso tono?».

Y él responde, sin mirarlo, de forma breve: "¿Cómo sabes que es un canto y no un llanto con el que imploro?"

Los dolores son, a veces, algo más que solo incoloros. Puede vestirse una pena del más alegre decoro. Puede disfrazarse la distimia de alegría y oro.

No es un canto, es el último soneto de un mirlo en quebranto.

CAPÍTULO I

SUICIDIO

El ave agradece su estado natural de saber volar.

Ama volar.

Pero odia la condición que lo ata a solo estar en los cielos.

El ave ama la vida. Odia la condición que lo aparta del suelo.

Odia la condición que lo aparta del agua.

Ama la vida. Odia solo saber volar.

Direcciona su vuelo contra el suelo.

No hay tregua.

Es él contra el pavimento.

DOMINGO

I

Me quiero quitar la vida un domingo,
bajo el sosiego del abrazo muerto
del ente desconocido. Un albino
espectro de raras razones. Tuerto

del corazón, paciente como sal.
Inmarcesible, con su flaca mano
emite sentencia sin juicio tal,
que no existe un solo hombre muerto en vano.

Morir en sus manos quiero un domingo,
con una apacible violencia interna;
que no desate la pena que extingo
y no libere apagada linterna.

II

Hoy el suicidio me embarga,
y adelanta la inevitable sentencia,
que se escondía como manzana amarga
bajo mi lengua lánguida.

Y es que el pedacito de vida
que escondía en mi pupila,
se desprendió de forma ávida.
Se arrojó a la llama pálida

que baila por entre mis dedos.
Se consumió en calor.
Se derritieron todos los miedos.
Se detuvo, al fin, el dolor.

III

Despierto fuera de los días.
No hay domingo. Tampoco le sigue un lunes.
¿Qué habrá sido, una soga, una bala, las vías?
¿Qué miseria ahora nos reúne?

No hay pena sin tiempo.
Aquí en mi nuevo abismo, todo es claro.
Aquí me siento ave y contento.
Acierto fue alejarme del desamparo.

El infierno es blanco
para aquel que se quita la vida.
No hay compañía, ni flanco.
No hay curva, ni salida.

PERIÓDICO

Vendrá el olvido.
Nadie dirá su nombre.
Y el periódico que alguna vez
habló de aquel hombre,
del poeta suicida,
habrá quedado ya sin imprenta.
No habrá impronta
de su talento
en próximas generaciones.
Porque escogió la muerte
antes que el suicidio.

PRINCIPIOS

Prefiero morir joven.
Morir por tu falta.
Morir y ser altivo.
Mírame ahora…
Mira al fugitivo.

Prefiero ceder el sol.
Morir como humano.
Prefiere el *ser*
antes que el *estar*.
Mírame ahora…
Mírame fallecer.

Prefiero su liquidez.
Ser de la venganza rostro.
Mi firma tu veneno desafía.
Desfila estoica la muerte…
Mira como mi lengua se afila.

Prefiriría no fuera así.

Reina de causalidades.

Emprendiste mal tu esfuerzo.

Emprendiste mal el vuelo.

En tu boca mentiras muerden.

Mírame…

Mírame…

Mis versos mueren.

FINGIENDO

El vuelo es el medio perfecto.
La carretera más pronta a mis ancestros.
Quien vuela al vacío siempre se encuentra
consigo mismo.
¿Cómo no amar el vuelo?

Como quien muere por ser inmutable,
pero no se atreve.

Como quien camina
y finge
que no le duele
la daga clavada a su pecho.

Este engaño
no derrumba mis venas
ni calla mi discurso, ya ahogado.
No derrumba el blanco pilar

ni seca los mares en mi lengua
de engaño.

Es grande la penumbra,
absurda la duda.
Objeto de una sola razón
que todo lo alumbra.

El orgullo me detiene,
pero el dolor y la nostalgia
poco a poco lo desgastan.

Tonta idea, brumoso engaño
pensar que no los extraño.

NADA

Ni las esquirlas, ni el brillo bajo.
Ni la acústica de un beso sordo.
Ni mi huella en el pantano.
Nada me salva.

Ni el mirlo en mi ventana.
Ni siquiera una canción desesperada.
Ni el más fuerte vendaje sobre mi alma.
Nada me salva.
Ni esta segunda muerte.
Ni la más certera de todas las muertes.
Ni el animal herido.
Ni los días carbonizados e inertes.
Nada me salva.

Nada me salva.
Ni tu pecado en forma de rosa.
Ni la marea de hojas deshidratadas.

Ni mi más liviana sonrisa rota.
Ni la entelequia que se asoma en mi pupila.
Ni la ironía de tu abrazo sobrio.
Ni la escena de un rayo partido.
Nada me salva.

Ni tu lengua enredada en la mía.
Ni mi verso escapando por mis poros.
Ni mi letra ahogada en tinta.
Nada me salva.

AVE

Se ha vuelto irreductible
la grieta en mi alma.
Dejaré de escribir
tras el hallazgo terrible
de saber que mis mentiras
se cuelan, invertebradas,
por entre mis ojos.

Ineludible
se ha vuelto mi fracaso.
El intento me ha llevado
a tener colgada de mi regazo
a la misma muerte.
Mi centro arde y se consume.
El tiempo me nombra
y presume ser mi pupila, mi herida.
Presume ser mi suerte.
Es irremediable.

Se me terminaron los segundos.
Seré amable
en esta despedida.
Declaro agotada mi existencia
Declaro vencida la partida.
Ganaste, vida.
Perdiste, muerte.
Pudo la vida conmigo.
Perdió la muerte su más atesorado
muerto en vida.

DESEO

No puedo evitar la sorpresa.
No puedo.
Solo espero que, cuando la noticia
llegue a tus oídos,
no esté más en llamas el ruedo.
Por favor.
Atiende con cariño mi deseo.
No voy a darte pena, no quiero.
Atiende mi salida y su refrendo.
Que en mi salida
a dejar las cosas en paz vuelvo.
No importa cuánto intente.
Nada va tras de mí alma
y nada pretendo.
Atiende con cariño mi deseo.
Que se olvide mi nombre
a los 32.
Te lo suplico.
Atiende mi deseo con cariño.
Eso quiero.

FLOR

Apunto a mis sienes con una flor.
Tulipán, lirio o magnolia.
Cualquiera es buen pincel.
Sin embargo, el ángulo es errado.
La pintura no brota de cráneo cerrado.
Debe la flor abrir su botón desde adentro
para dejar todo impregnado.
Así que anidé el botón en mi lengua de roca.
Y escogí por lienzo un muro dorado.
Abrirá entonces, desde dentro,
el cerezo anidado en mi boca.
Y pintará el muro que se aflige,
custodiado por mis memorias,
ahora rotas.

BALA

Se acerca la bala
que lleva inscrita mi sentencia.
Está a casi tres años de distancia
de recoger mi estancia,
la permanencia de mi alma y su pólvora.
Y es que a todo poeta
lo persigue una bala.
Esa constancia en su oficio
lo libera del ejercicio incesante
de dejar su alma en todo,
de emerger de todas las cosas.
El suicidio es libertad al instante.
La bala, en su beso de seda,
desprende el dolor y su era.
Deshace al poeta y su pena.

ADIÓS

La muerte puso precio a mi cabeza.
¡Qué estúpida!
Será que no me conoce o le da pereza.
¿Quién vendrá en estampida
a quitármela, si ella carga la hoz?
Pero no te preocupes, querida.
Sabemos de sobra quién gana la partida.
Ese siempre he sido yo.
Pero ahora te entregaré mi sonrisa curtida.
Podrás agregarla a tu almanaque.
Darás, tu colección, por concluida.
Y es que nunca, pero nunca
alcanzaste nada que hubiera ya nacido.
Ni por más fiero y sombrío.
Pero esta bestia que se erigió alguna vez en el paraje,
hoy da por terminado su linaje.
Ya no queda brío.

Se secó mi primavera y su río.
Se extingue mi éxodo y su inopia.
La historia de ángel impío
que da por terminada su utopía.

ENERO

Mi hortaliza de relámpagos
no da cosecha en enero.
De sus días, mis días, de arriero,
los primeros veintiunos son gramos.
Echo sus hojas al mortero,
las machaco con llanto y grano.

El fulgor de mi relámpago
muere en su sonrisa, que es en vano.
Mi maíz de estruendo
madura en los días restantes.
Con sus raíces, de filigrana y atuendo,
busca veneno fulminante.

Mi hortaliza de relámpagos
no da cosecha en enero.
No da tregua mi tierra de marginados.
No da grano mi tierra de extranjero.

Empezará su desarrollo en febrero.
Justo en el día treinta y dos.
Allá en la tierra de mi Dios.
Y será su grano certero
podrá, al fin, alimentar mi alma de cordero.

CAPITULO II

BESTIAS Y DEMONIOS

MIRLO, MIRLO... ¿Eres ave o bestia? En el camino, en su vuelo, se encontró con animales distintos. Dejó el alma en todos ellos; emerge de sus almas, sin romperse el sello de seguir cada uno su instinto. Aprendió a ser bestia y error. Aprendió de lo peor. ¿Qué sería del mirlo, si toda alma en su camino fuera buena? Todo ruido en su interior suena. Es un ave encerrada en un mundo de faena. La tauromaquia de librar demonios y bestias. No solo bestias externas. Otras se nutren de su sustancia más densa, más obscura, y le crecen bestias internas. Lucha ahora dos guerras, contra los parias de sus adentros, contra las bestias y miserias de otros centros.

DEMONIOS

Entre mi vena y mi voz,
allí descansan mis demonios.
Se ven a través de la cortina diáfana
con que se cubre mi rostro.
No demoran en mostrarse.
Ajenos al mundo que los rodea,
siempre salen a su encuentro.

Con su onerosa presencia
hacen explotar mis sienes.
Contradicen mi discurso melifluo.
Son extensión de mis errores.
Defectos de tez inmarcesible.
Son para nada en vano.
Son criaturas que me habitan
en lo más mundano.

No me juzgan, pues podridos ya están.
Son de mi pasado voz ineluctable.

No escondo mis demonios,
pues indómitos nacieron.
Pero sí los guardo del humano,
de su lengua impía y punzante.
(Criaturas prontas al asecho
de mi voz y mis demonios).

Mis demonios son parias,
huérfanos que no conquistan
nada más allá de sus ojos.
Son maestros del herir.
Son de mi noche el frío,
y de sus narices nace vaho hirviente
que calienta mis pesadillas.

Nutren de incertidumbre mi certeza,
de duda mi confianza.
Me cuidan de los desleales.
Avanzan conmigo, recordándome
de dónde vengo y adónde voy.
Construyen a mi espalda el camino.
Son Faro de Alejandría.

Nunca me abandonan, endemoniados,
despreciados, malinterpretados.
Seres que siempre serán
honestos frente al espejo.
Me arrancan del abismo ensimismado.
Eso vale más que un querubín de lisonjas,
más que un bello ángel traído,
más que todo un coro de monjas.

TACITURNO

Hoy siento la rabia del condenado
y por mis venas discurre la sangre
de los ahogados. Toda es malasangre;
embebida de rencor y pasado.

Mi herida es rabia del embelesado
por colmillos de una bestia purasangre;
hirió con lengua y prejuicio mi sangre,
y en su ataque su ira me ha contagiado.

Ahora soy bestia negra y taciturna
y mis palabras escupen brebaje.
Cicuta en mi saliva, bestia nocturna.

Son mis gestos movimiento salvaje.
Hoy mi rostro y mi palabra han cambiado.
Nueva bestia se erige en el paraje.

POLILLAS

Cómo levantar el árbol que ha caído.
Si su mineral se ha cristalizado
y en su peso máximo ya no avanza.
Si la gota de sangre que lo sostenía
hoy se evapora y queda solo costra.
Cómo se yergue el espíritu
si está seco de sangre.
Qué se hace con el botón de flor
que nace pétreo en mi palma.
La ajustada vida que nos dan
asfixia la poca que nos queda.
Cómo robar lo indispensable
cuando el tiempo te lo roba todo.
Qué se hace con la palabra
que cae muerta,
(asesinada por su misma lengua).
Resbala por la garganta
junto al cadáver de polillas
que se atrevieron a volar.
¿Qué hago con mis polillas?

BESTIA

Se extiende mi agonía.
El pedazo de alma que escondía
lo tomaste entre tus dientes
y corriste hasta que fervientemente
lo trituraste, y te lo tragaste.
Ahora una parte de mí
nada en tu estómago.
Se revuelve entre las hierbas
y las aves que tanto disfrutas cazar.
Mira si es tonta el alma,
cree poder volar con sus esqueletos.
No solo es tonta, también es ciega.
Piensa por un momento
que las hierbas que devoraste
son para darle fragancia y hogar.
Ignora que tu apetito es sustancial.
El placer de devorar cariño
es algo bestial, algo de lo que solo tú
serías capaz.

HIENA

La fractura que cargo
la llevo desde la nuca al talón,
del talón a la pupila, de la pupila al espíritu.
Es como un hueso astillado y largo
que va bajando por entre mis músculos,
abriendo heridas que siempre han sangrado.
Y brota rutilante y amargo
un líquido supuesto a dar vida.
Pero éste va cargado de ira,
tanta, que toma forma en mi garganta.
Se condensa y forma unas manos
que me asfixian desde adentro y
la voz me arranca.

Mi alma camina en vados
que se hacen profundos.
Mi paso se hace ambiguo y errado.
Me ahogo en pasos mal dados.

Mi paso de plomo se quiebra.
Crece en mis pies mala hierba, y
su raíz no tiene casa en ningún lado.
Perdí la brújula, hoy solo adivino.
Nada guía mi paso alejandrino.
No hay huella para mi trote equino.
Muerta corre mi esperanza,
mi paso mezquino.

Corre de forma atascada
la sangre de mis venas.
Apuradas caen como cascadas
en mi aurícula de verbenas,
con flor que coagula
cada una de mis penas.
Su denso olor se convierte en hienas.
Apresuradas a devorarme.
Corren entre mis vasos siempre llenas.
Ríen ante la suerte y la condena.
Ríen ante la desgracia
que tanto les parece ajena.
Ríen, sin saber, que su risa
para nada suena.

BÚFALOS

El mirlo lleva en su cabeza
un oleaje de búfalos.

Hoy busco la muerte.
Espero tener suerte.
Son tantos los atardeceres,
tantos los seres.
Mi sed de realidad, de verdad.
En blanco quedan mis papeles.
Iluso imploro un gesto tuyo.
Tantas y todas crueles.

Me pregunto si queda la oportunidad.
De que su acto modere
la tempestiva embestida
de búfalos que nadan en mis sienes.
Reverdeciente, indiferente.

Tantas y todas inertes.
Tan ausente. Tan constante.
Tan hiriente.
Tantas metáforas y olas.
Tanta argamasa se inmola.
Mi angustia se corona y posiciona
en mi más humano miedo.
Muero como acacia, y me obsesiona
la muerte y su suspiro.
Tanto que soy yo quien la aprisiona
y desato mi vida de toda circunstancia.

Hoy busco la muerte.
Su lira de poeta.
Su estúpida saeta.
Hoy muere mi letra.

Mi lánguida silueta
nutre mis versos a la nada.
De nada se nutre mi tinta escueta.

ARMADILLO

Le resuena en el eco
la conciencia del armadillo.
¿Se puede poner armadura al alma?
¿Habrá amor en todo hueco?
¿Se pueden vivir siglos de brillo?
¿Cómo defenderse de todos los depredadores?
Todos quieren beber la sangre de caudillo.
Líder del ejército de sus dolores.
¿Por qué la vida otorga armadura endeble, y
a los malos fauces inquebrantables?

OTRA AVE

El mirlo quisiera ser oropéndola.
Quisiera ser buitre.
Pero no cambia su vida ni queriéndola.
No cristaliza su vuelo de salitre.

Quisiera ser cuclillo manglero.
Quisiera ser carpintero castaño.
Pero es demasiado fiero
para habitar la tierra y el mar.
Tampoco tiene el carmesí de antaño.

Imposible que sueñe con ser tecolote.
Le hace falta talento para augurar la muerte.
Solo sueña con ofrecerse al ocelote.
Solo sueña con tener la suerte.

PEZ

Si la tristeza es lágrima
que lo inunda todo,
por qué no entonces
aprender a ser pez.

BESTIA DE CAMBIO

El cambio es lo único constante en la vida.

Cambia su canción el mirlo.
Cambia la tonada y cambia el nido.
No tiene casa, solo exilio.
Quién querrá compartirlo.
Nadie quiere a la fiera herida.
Nadie quiere una flor marchita.
El mirlo andará poblado de días.
Andará sin entender su partida.
Dejará su canción de cambio.
Su canción de protesta.
Solo le queda el cambio de vida.
Una muy distinta de esta.

SERPIENTE

Todo es veneno dependiendo de la dosis.

La alegría en exceso que se vende
solo causa frustración y enojo.
Desata un huracán que no cabe en su propio ojo.
Genera un violento despojo
de la verdad, genera el infortunio y la desdicha
de creer que no se tiene lo suficiente
ante una falsa alegría antedicha.

CAPÍTULO III

SENTIMIENTOS DE UN MIRLO HERIDO

Al mirlo no le enseñaron la naturalidad de los sentimientos. O, al menos, no de todos. No solo es natural sentir alegría, dicha y felicidad. El alma está diseñada para sentir también soledad, desdicha, amargura, frustración, ira, tormento, pena, nostalgia, miedo y tristeza. Son el contrapeso de lo que entendemos por bueno, por satisfactorio. Es natural; son estos sentimientos los que nos equilibran, y ningún sentimiento positivo viene solo. Es imposible estar contento todo el tiempo, ni con opio. Tampoco hay oprobio en sentir lo que sentimos. Quién puso estos sentimientos en nosotros, sino para sentirlos. Por qué entonces sentir vergüenza de vivirlos. No somos responsables de lo que sentimos, pero sí de cómo lo externamos. Aprendamos de la soledad, la desdicha, la amargura, la frustración, la ira, el tormento, la pena, la nostalgia, el miedo y la tristeza. Son también maestros en el vuelo de cada ave.

DE LAS SOMBRAS

Me siento cómodo en las sombras
donde mis ruidos de bestia
no se ahogan en el aire,
y el aire que exhalo es fuego
y me calienta en las mañanas.

Me siento cómodo en la obscuridad
porque me siento hasta el último poro,
y mi cuerpo es peso verdadero,
y la gravedad no me toca.

Me siento cómodo en el silencio
porque todos los sonidos me pertenecen,
y son libres de escapar cuando quieran.

Me siento cómodo en mi pensamiento,
en su obscuridad libre que todo lo crea.

Me siento cómodo en las sombras…

AÚN RECUERDO

Aún recuerdo la luna,
y el llanto de los árboles.

Esa arena que sentiste,
es la misma que siento en el alma.
Calienta mis pies, incendia mis brotes.
Quema mis ojos,
los derrite en lágrimas.

Aún recuerdo el lente
con que apuntabas a la desgracia.
Yo lo sostuve, inconsciente
de la agonía que se nos venía.

Aún recuerdo esa suerte tuya,
la de quien se avienta
esperando que la vida lo proteja.
Nunca estuviste más protegido
que aquí conmigo.

Dios protege el alma de aquel
que cuida de los suyos.

Aún te odio un poco.
Porque no soy el mismo.
Parte de mí te llevaste
y la guardaste siempre para ti.

Aún pienso en ello,
en la fractura que nos provocaste.
Pues la distancia no se mide en metros,
sino en recuerdos que no alcanzaron a nacer.
(Y en recuerdos que perecerán).

Aún recuerdo.
Aún recuerdo.
Maldito (bendito) el que no olvida.

ES...

Es de la primavera
ser invierno.

Es del invierno
ser madera húmeda.

Es del hambre
ser ayuno.

Es del miedo,
ser amante.

Es de la soledad
ser esclavo.

Es a la desventura
entregarle tiempo.

Es la visión
de un ciego.

Es de la incomprensión
la diana.

Es ser el final del índice
con que algunos señalan.

Es el tiempo perdido
de una vida.

Es la lucha
que algunos combaten.

ALGO PARECIDO

Morir cada vez que me nombras,
y emites juicio de mi estado
sin saber lo que es sentir del interior puras sombras.
Me mata tu juicio, para nada acertado.

Es andar desolado, en días soleados.
Es sentir más pesado los días pesados.
Acércate sin voz, más con oído.
Acércate sin hoz, más con abrazo.

Es sentir que lo roto ya no encaja.
Es desbordarse desde adentro
hacia ninguna parte. Una navaja
que corta hilos transparentes
entre la realidad y nuestro centro.

Es sentir que nadie te quiere.
Es sentir que a nadie le importa.

Es sentir que todo hiere.
Es sentir que tu vida no aporta.
Ciego del alma, no estoy.
Mis ríos no callan su dolor
porque ciego del alma no estoy.

Mi voz no solo guarda pena.
Pena siento que no puedas ver
lo que guardo en mi diáfana vena.

Lamento no poder explicar
cómo se siente un bosque vacío.
Lamento no poderte enseñar
lo que es seguir seco pese al matutino rocío.

Es sentir mariposas muertas en la garganta.
Es sentir un abrazo pálido.
Un miedo sólido que avanza.
Un amor árido.

No es un estado escogido.
Es el suplicio de un desvalido.
Es un grito hueco y fallido
que pide ayuda, alivio.

DESCUBRE

Despierta con ira en mano.

Con nieve en la boca.

Camina…

entre montañas de coca.

Se mira lejano.

Tan helado.

Adormece su tacto.

Despierta su rabia.

Descubre entonces

que es

nube negra.

Que lo parió la niebla.

Que está tan maldito.

Que su madre es tiniebla.

Descubre

que su sudor no es sal,

sino veneno.

Que es bestia salvaje.

La cicuta su brebaje.
El dolor lo adormece.
De él solo nace
odio
del que solo los cobardes
son capaces.
Descubre
que de él ya nada brota.
Solo una llama roja
que lo consume todo.
Es odio
en cualquier modo.

ODIO

Hoy escribo desde el odio.
Y digo: me atrevo, no olvido.
Y todo se vuelve obvio.
En mis manos la valentía es opio.
Ahogando la furia y el oprobio.
Y es que mi verdad les causa agobio.
Porque hablan y hablan.
Y tienen derecho a hacerlo.
Pero ese derecho deben saberlo:
Acarrea la obligación, la inercia,
de hablar siempre con verdad.
Reconocerlo.
Pero ni mi voz ni mis versos se doblan.
Y desde este odio se alza la llama
que incendia mi pecho,
que aclama vida,
y denuncia el acto oneroso, deshonroso.
Pues mi llama es llama viva,

que reclama de esta efímera partida,
no escogida,
una guerra contra la injusticia.
Y ahora arde mi voz, en favor del herido.
En lucha del desfavorecido,
del incomprendido.
Y prometo por mi sangre tendrán su merecido
aquellos que con sus actos hieren,
y lascivas sus lenguas lanzan saetas
que no esquivan ni ellos mismos.
Hieren más su nombre
que a este hombre en su lánguida ofensa.
Hoy escribo desde el odio,
porque me es natural.
Mi odio es rechazo del verbo y acto bestial,
del más débil y soluble mineral.
Hoy mi verdad desploma la débil paloma
que no alcanza a sostener
ni sus propias palabras.
El odio es natural cuando se reacciona
al agravio de tu persona,
o de aquellos que amas.

TU RECOMPENSA

En mis horas más obscuras
no vendrás a ayudarme.
Porque con tu presencia auguras
la traición en abrazarme.

Cuando me encuentre solo
no serás fiel compañía.
Librarás mi paso en todo,
evitando al herido que gruñía.

No darás tu mano,
ni sanarás mi estado moribundo.
No, nada haces en vano.
No hay quién me salve de este mundo.

Mis ojos correrán hacia atrás,
y tu lengua pronta, apuntará.
Marchito está el hombre de alcatraz.

Pronto mi raíz perecerá.

Ahogada está mi garganta
de polillas muertas.
Tu garganta de prejuicio se atraganta.
Tú y tus ansias tuertas.

Ahora bien, apunta tus saetas
a mi coraza de paja.
Destroza de mis ojos sus metas,
sepulta mis sueños en la caja.

Que la única oportunidad que tienes
es ahora cuando estoy herido.
Pero cuando me levante, oh, mis bienes.
Será tu turno de ser malherido.

No apagaré tus luces, pero tampoco daré vela.
No estaré para ninguno de tus estados.
No daré mi mano para que no te duela.
No regaré tus enfermos nardos.

No daré palabra de aliento a tu voz.

No pondré peldaño en tu escalera de sueños.

Cosecharás indiferencia con tu hoz.

Oirás callar los días risueños.

HARTO

Me cansé de mi reinado de polvo,
de la constelación apagada que, visto,
del fruto seco caído del olmo,
de la tierra infértil que conquisto.
Estoy harto de la amenaza constante,
de ser carne de cañón, de la incesante
marea que ahoga mis lágrimas en sal.
Harto de corazones de mal.

Harto de la coyuntura que desatas.
De la mentira que se levanta contra mí.
Harto de la orden que, sin dudar, acatas.
Harto de ir siempre contra mí.

Me cansé de la era vagabunda
que se ciñe sobre mis hombros.
De la mala idea que en mi mente abunda.
De mi ciudad de escombros.

Me cansé de latir, de existir.
Me harté de la pluma y su desliz.
Me harté del vino sin cáliz.
Me harté de mi herida sin cubrir.

Estoy harto del teatro sin escenario.
Harto de la fábula acomplejada.
Harto del cuento de niño que no acaba.
Harto de tu hoz, cual mercenario.

ABISMO

Te ofrezco el último
de mis abismos.
Lo guardé desde
el exilio.
En su interior escondí
una flama irascible,
un encanto
inmarcesible.
Una razón
de vidrio y lino.
Te lo ofrezco
en forma de lirio.
El último de mis
diminutos universos.
Papel negro
donde con tinta china
escribo y dibujo
todos mis delirios.

Te ofrezco
las reservas de mi alma.
Que taciturnas,
ebrias, y sin calma,
se consumen
en sempiterna llama.

SANGRE

Me quema la vena
y el mineral que la transita.
Transporta mi sangre
un odio añejo.
Una herencia enterrada en sangre
desde hace tanto tiempo.
Tan longevo
como los árboles gigantes.
Tan perpetuo
como los tifones.
Es un odio sabio
curtido por el asedio
de un tiempo desmedido.
Un odio tinto
que se sirve con la copa
más larga.
Me transita libre,
y su marcha bélica

iza bandera en mi puño.
Un odio
del que no soy dueño,
pero sí cómplice.
¿Cómo se libra uno del odio heredado?
Ojalá mi cansina tregua
alcance valle
donde repose mi sangre
derramada al sol.

SI PUDIERAS

Si pudieras verme
cuando estoy solo,
verías que soy un niño
que sueña con viajes de Verne.

Si conocieras mi intimidad,
observarías mis miedos,
los que guardo de los monstruos;
de su palabrería y sus enredos.

De verme desnudo
verías que soy propenso a las grietas:
porque hablo lo que pienso.
Porque tengo letras sueltas.

Si pudieras verlo todo,
por respeto a mis secretos
te odiaría. No habría otra forma.

Tengo derecho a mis esqueletos.

Si compartieras mi tiempo
verías que no soy tan bueno ni malo,
que no juego a cortar el tiempo,
que lo desperdicio como cualquier humano.

Si obtuvieras mis confesiones
tus tímpanos se secarían,
escucharías mis versiones,
y tus ojos ya no me verían.

No del mismo modo
con que se mira al desconocido.
Perderías el asombro,
la duda de lo vivido.

JUVENTUD

Joven, hábil y fuerte,
así soy con el sol.
Solo por un segundo.
Cuando entra por mis ojos
con el primer vistazo,
y me hace ganar vida.
La cual robo como ave
astuta contra muerte,
mientras está dormida.

ENTIÉRRENME DESNUDO

I

Morir calzado,
con los zapatos llenos de silencio es:
Vencerse al viento,
es entregarse en alma muda,
es pedir parar el tiempo,
y el tiempo es Dios
(A Dios nadie lo detiene).

Morir con atuendo es:
vencerse en lengua diáfana,
ser de las expectativas la diana.
Es no vestirse de uno mismo.

Morir de moño o corbata
es sentenciarse a sogas ajenas.
Preferible es morir, por gusto en la hoguera,

teniendo la certeza de que, en esencia,
la leña es verdadera leña.
Morir en la caja
es peor que estar muerto.
¿Qué si las dimensiones, la talla y el ancho encajan con el muerto?
Cadáver seré porque no supo salirme.

Morir en tabla acolchonada,
sobre forro de algodón, lino o seda.
Es aceptar estar eternamente
incómodo
por haberse acostumbrado.

Morir según la tradición
es negarse el derecho de vivir.
Morir de traje, en la caja, y mudo:
¡Prefiero morir
y que me entierren desnudo!

II

Vivir descalzo,

con los pies llenos de huella, es:

Vencer al viento.

No entregarse en alma muda.

Es disfrutar sin freno el tiempo,

el tiempo es uno.

(Uno mismo es su Dios).

Vivir sin atuendo:

Es entregarse en oído atento.

Tener por diana la propia expectativa.

Es vestirse de uno mismo.

Vivir sin moño ni corbata

es no sentenciarse a sogas ajenas.

Preferible es vivir.

Vivir en la caja

es como estar muerto.

¿Qué si las dimensiones, la talla y el ancho encajan con el vivo?

Cadáver será quien no aprenda a salirse.

Vivir en tabla acolchonada,
sobre forro de algodón, lino o seda.
Es estar eternamente incómodo
por haberse acostumbrado.

Vivir según la tradición
es negarse el derecho de morir.
La muerte reafirma la existencia.
¡Al morir,
entiérrenme desnudo!

CONSCIENTE

Duerme sin miedo,
porque en el pecho lleva dentro un león.
¿Qué miedo puede tener el león que fue devorado?
Descansa sin prisa
porque el tiempo fue herido,
pero despierta de vez en cuando
para saber que sigue vivo.
Observa a obscuras,
la oscuridad que lo ha tragado.
(No sabe si cierra los ojos o está mirando).
No amanece porque él es el día,
y aún no se ha levantado.
No sabe que la vida le espera
para seguir andando,
pero sabe que él es la vida.

ACACIA

No voy a enfrentarte.
Porque yo soy franco.
Llevo el corazón en la mano.
Lo entrego desde el saludo,
y aunque es grande mi carencia.
Millonario es mi vacío,
y aún más mi existencia.

Pero nada te sacia.
Nada te conforma.
Nada te complace.
Ni mi voz que guarda
bajo mi lengua acacia.
Ni mi furia que levanta
revoluciones de poetas muertos.
No me haces justicia.

Mi batalla es desde los sueños.
Mi victoria, desde la autenticidad.

No voy a enfrentarte.
No continuaré con esta guerra infinita.
Mi muerte viene ya desde tiempo atrás.

Venceré y mi extinción
dará sentido a mis palabras.
Así ganaré sin tener que enfrentarte.
Seré entonces lánguida embestida.
Seré trémula tormenta.
Seré oportunidad, seré viento.
Seré niño que no quiere dormir.

Y aunque mi ausencia
dilata la pena de mis muertos,
pronto he de hacerles compañía.
Les contaré de la diaria batalla.
De cómo me rehusé a enfrentarla.
De como morí:
Con la sonrisa bien puesta.
Con la mirada llena de mar.
Con el pecho lleno de amapolas.
Con la mano llena de flores.
No voy a enfrentarte.
Llevo ganada la partida.

AMANECER

No sabe si muere o está dormida.
Si acaso su voz halla en el eco sentido.
Se levanta cansada de un sueño fingido.

Pero cuando despierta, el cielo cruza.
El eco es extensión de su voz no pronunciada.
Un sueño realizado, un objetivo cumplido.

A veces duda de lo aprendido.
No sabe qué tan real es lo que siente.
Qué tanto es del mismo fruto prohibido.

Pero sigue adelante, sigue aprendiendo.
No se limita a sentir lo que otros.
Saborea incluso el néctar de sus errores.

Cuando los rostros se desfiguran y se giran,
las manos dejan de ser cuerda,
y sus palabras ya no dan aliento.

Sabe entonces, que debe mirar al horizonte
que nunca lo traiciona, que debe aprender
a escalar paredes, a respirar de sus acciones.

Cae seguido y ensucia sus rodillas y palmas.
Llora en noches de soledad absoluta.
Cae y llora en días de infierno oculto, y externa calma.

Pero al despertar el día, ella ya le ha madrugado.
Le ha aprendido al sol a brillar después de la noche.
Ha aprendido a levantarse sobre hileras de hilo.

COMO AQUELLA MUJER

Como en la pintura de aquella mujer
que mientras camina se desuella
y descubre nieva piel.
Así el vuelo del mirlo
que acelera su descenso
hasta incinerar su propio vuelo
y descubrir nueva vida.

Como en la pintura de aquella mujer
que se arranca la piel en un solo trozo
y camina desnuda hacia su propio encuentro.
Así el mirlo deshoja sus alas,
avanza en un viento contrario
hacia su propio encuentro.

Como en la pintura de aquella mujer,
que nueva queda tras el desollar.
Así el mirlo se renueva
tras arrancarse todas sus plumas.

Bermellón

Dicen y dicen, e ignoran...

Dicen que por amor ocurren tantas cosas.
Y otras tantas se ignoran, por ejemplo:

Dicen que en tu nombre se levantan los días.
Ignoran que por ti yo los hago amanecer.

Dicen que por tu rostro el sol se renueva.
Ignoran que yo lo enciendo para alumbrar tu ser.

Dicen que la marea no es marea si no es por ti.
Ignoran que yo soy el agua y la sal.

Dicen que por amor se logra lo imposible.
Ignoran lo que por tu amor he logrado, por ejemplo:

Dicen que la muerte tiene prohibido tocarte.
Ignoran que yo se lo negué.

Dicen que el viento en tu pecho nace.
Ignoran que nació de un beso que yo te brindé.

Dicen que la tierra gira por ti.
Ignoran que yo la hago girar porque amas dar vueltas.
Dicen tantas cosas.
E ignoran tantas más.
Dicen que por amor el tiempo se transforma.
Ignoran que el tiempo no existe entre amantes.

Dicen que por amor uno se transforma.
Ignoran que el amor solo nos vuelve humanos.

Dicen que el que es amado siempre gana.
Ignoran que es más feliz quien siempre amo.

Dicen que por amor uno lo perdona todo.
Ignoran que el que ama no hiere.

Dicen que todo el mundo te ama.
Ignoran que nadie te ama como yo.

Adiós

Me hubieras buscado cuando estaba cansado,
desahuciado, harto de mí, sin aliento.
Con el amor en fiebre tan alta
que encendí las estrellas muertas.
Con las manos tan temerosas
que ni a mi pecho abrazaban.

Me hubieras buscado
cuando mis labios aún extrañaban otros labios,
cuando mis pasos querían andar otros pasos.
En ese momento
en que la soledad se vuelve grata amiga
y entrega intimidad a quien lo solicita.

Porque ahora tu visita es inútil.
Ya hay quien me dio reposo,
me dio esperanza.
Me llenó de ella y de su aliento.

Calmó la fiebre
como quien calma al niño que llora.

Hizo trémulas mis manos
por ansias de abrazarla.
Me buscó con sus labios, con sus pasos.
Le pidió a mi soledad un momento a solas.

Así que date vuelta,
y busca un corazón herido.
Uno que no tenga quien lo cure.

Dicho y hecho

No vivo del predicho.
Yo soy de los que opinan
que lo dicho y no hecho
no sirve de nada.
No prometo amor eterno.
No prometo quererte en un futuro.
Porque ya lo hago.
No soy de andar entre dicho y dicho.
Yo vivo del hecho.
Amarte lo hago desde el pasado.
No prometo tomarte de un trago.
No me trago el cuento del futuro.
Al destino le importa un carajo
si mis heridas con tiempo curo.
No soy hombre del auguro.
Yo soy del presente.
Me hice de pasado.
No me detiene ningún muro.

No prometo amarte
hasta donde alcance la vista.
Mi visión no depende de unos ojos.
Yo miro con el alma.
Y es brillante la diminuta pizca
de tormenta
que se asoma entre tanta calma.
Yo soy del hecho de que las almas
viven sin techo.
Y guardan gloria e historia
en su lecho.
Soy de la idea
que se debe vivir al acecho
de los sueños y lo dicho,
porque lo dicho y no hecho
no sirve de nada.

Ella es

Ella es un relámpago detenido.
Es un fino corte en el firmamento.
Aguja de huracán, lluvia y sustento.
Es de todos los dioses llanto herido.

Es de la noche, ser introvertido.
Es arena en mis pasos, es cimiento
de nuevo amanecer. Es suave viento.
Una flor de campo reverdecido.

Es la alegría de memorias pasadas.
Es la furia de un sol efervescente,
capaz de encender luces apagadas.

Un verso que se dibuja en mi mente.
El triunfo de caricias confesadas.
Eres de mis versos tupida fuente.

SÉ

Es entender las cosas.
Es saber su naturaleza.
Es darle, a cada cosa, un nombre justo.

Por ejemplo,
ahora sé que la distancia entre nuestras bocas
se llama delirio.

Sé, que si planto
en tu vientre un lirio,
crece todo un lago.

Sé que el sol no nace del oriente,
sino que es un truco de magia
que realizas con sombrero y guiño.

Sé que tampoco
se guarda en el poniente,

sino que muere en tu pupila,
allí donde guardas mis sueños de niño.

Sé que en tu boca nacen claveles.
Y buscas jardinero,
con tijera de labios fieles,
que pode tus besos marchitos.

Sé que amas las guerras
de besos, de abrazos, de miradas.
Y sé que nunca entregas tregua,
si la batalla es en mi cama.

Sé que el mejor verso es tu figura.
El mejor verbo es tu sonrisa.
El mejor poema es el que escondes bajo tu lengua.

Sé que el lucero matutino
escapa de tus poros,
de esas diminutas cuevas de citrino
donde me refractas con tu cristal.

Sé que en ti

todos los besos, son un primer beso.
Porque tu amor es siempre virgen.

Sé que las olas no mueren.
Pero, sí, son suicidas.
Buscan, en su intento desasosegado,
entregar su amor a la tierra.
Son lúcidas
de que el amor a medias
nunca engendra vida.
Sé que guardas en tu boca
un pedazo de pan caliente.
Para lo días de hambre y frío.
En recompensa al valiente
que no tema a tu brío.

Sé que miras como si nadie te viera.
Porque sabes que tu mirada enamora a cualquiera.
Pero envidia tienes de cómo te miro.
Si de camino de mi vista a la tuya crece
el más talentoso mirlo.

Sé que sientes como yo siento.

Sé que tiene un alma como la mía.

Sé que tienes como yo,

para amar, el mismo talento.

Entregado

Entregado a ti, a tus ojos callados.
Entregado a ese tiempo
que discurre a tu lado.

Entregado a ti, a tus labios delgados.
Entregado a ese beso
que me deja en amor ahogado.

Entregado a ti, a tus manos tibias.
Entregado a tus brazos
donde reconfortas con caricias.

Entregado a ti, a tu figura.
Entregado a tu cuerpo
que desvanece mi amargura.

Entregado a ti, a toda tu existencia.
Entregándote a ti,
completa mi esencia.

Gorrión

Apunta al pecho
que traigo un gorrión atravesado.
Apunta directo al ave
que canta de amor. Embelesado.
Que desgarre la bala sus alas,
y que muera en mi lecho.
Que sus plumas caigan
bañadas de sangre en mi pecho.
Apaga su canto
con la pólvora de un último beso.
Escoge el calibre exacto
que le arrebate el vuelo;
porque con su muerte
a dejar mi jaula abierta, vuelvo.

HABLARTE/BUSCARTE

Hablarte acarrea un problema.
Inherente a la conversación
se asoma entre bocas un dilema.
La inexorable duda que quema.
No saber elegir entre el milagro
de tu boca que es, por ahora, ajena,
o el milagro de tus ojos que miran
sentenciándome a tierna condena.

Buscarte supone un problema.
Para hallarte entre desiertos de gente
enseñé al alma a que no tema.
Hallada está la respuesta a nuestro teorema.
Por hablarte he roto toda ley suprema.
Por encontrarte he puesto emblema
a nuestra piel de mar de arena.

Hablemos vida

Hablemos vida.
Porque hoy quiero advertirte de mi actitud honesta,
de mi incisiva lengua de saeta,
de mi voz y alma de poeta.

Así que… empiezo mi acuse de intenciones.
La advertencia de que de ésta (mi vida),
no te salvas ni a cojones.
Voy a beber de ti hasta la última gota.
Hasta tus últimas emociones.

Te advierto que hoy mi palabra es anarquía.
Pues hoy me levanto amenazando a la vida.
Y te advierto que me he vuelto como el tiempo.
Hoy no espero, no aviso, no muero.

También le advierto al destino
que me tenga miedo el amor.

Hoy no espero, no aviso, no muero de amor.
Hoy lo busco, y en eso va mi razón.

Le advierto a las palabras
que sean justas en lo que digo.
Que sepan expresar mi eco subversivo
y la diaria batalla de vivir lo que escribo.

Le advierto al viento
que, aunque no sople, yo pondré la vela.
Será mi voz aire, que empuje mi velero
hasta el otro lado de la tierra.

Que me tenga miedo el sol.
Le advierto a su luz que mi luz le hará sombra.
Y al lado mío será una estrella en penumbra.
Que me tema el sol.

Te advierto vida, a ti, y todas tus tristezas,
tus derrotas y caídas.
Que voy a abrazarlas tan fuerte,
porque descubrí que entre más amor entrego,
más rápido la herida cierra.

Y aunque el dolor no se olvida, sí se supera.

Te advierto, descubrí tu engaño, vida.
Ahora sé que las frustraciones, miedos,
dolores, y todo aquello que se pinta de abismos.
Son maestros que arden esperando
te descubras a ti mismo.

Hablemos, vida.
De que llevo ganada esta partida.
Pues el acto más suicida
es solo existir, y eso, solo el cobarde.
Mas, este valiente no repara en vivir.

Hablemos, vida...
Hablemos claro...

Hija de marzo

En ti florecen
las esperanzas, del
invierno muerto.

I

Un beso, un disparo, una bala,
una herida, el humo, unos labios,
un arma, un tratado, unos lirios,
un abrazo, un derroche de gala.

Una tregua, la paz, una bengala.
Unos sueños, la tormenta, insomnios.
Unos vestigios, imperios, indicios.
Un sentimiento que nada lo iguala.

Una guerra, un descanso, un mar.
La sal, una gota, la lluvia, sed.
Una derrota, triunfo, verdemar.

Un pecado, un gusto, una red.
Un viaje, una ola, una altamar.
Quien lo ha vivido, libre su merced.

SUBVERSIVO

Eres estado.
Yo soy rebelde revolucionario.
Mi bandera es la poesía.
Y mi grito eres tú.

Mi marcha es la primavera.
Mi demanda eres tú.

Subversiva mi garganta
quiebra en su sonido
tu ausencia.

Subversivas mis pupilas
te graban
en un perpetuo a soledades.

Mi bandera es tu sonrisa.
Mi demanda eres tú.

Impetuosas mis palabras
te delinean,
gritan tu figura.

Rebeldes las luces
erigen tu estatua
en mis pupilas.

La protesta
sigue su camino.
El fin de mi protesta eres tú.

Las pancartas denuncian
un pecho vacío.
Mi denuncia es tu ausencia.

Las acciones incendiarias
llevan tu amor.
Si es necesario en mi protesta
sangraré de amor.

Mi protesta eres tú.
Mi demanda eres tú.

Justo

Mujer mía, te voy a amar hasta que beses justo
como quieras besarme, como quiero que beses.
Quiero me beses con frío, que me beses con creces
los labios míos, quiero labios terrosos, amargos,
cual par de labios de tibios ríos, largos.
Quiero nuestras bocas sean yesca, tu boca chispa,
mi beso el aguijón por el que tu cuerpo crispa.
Quiero me beses justo cuando quieras besarme.
Mujer mía, ámame, bésame justo como besas,
con esos labios, con que tu amor me confiesas.

MAR DE BREA

Advierto a la calma de nuestros cuerpos.
Voy a quemar nuestras pieles de cordero.
Seré todo un mar de brea.
Arderé entre tus piernas y, crea
la tierra o no, te haré llama eterna.
Encenderé en alquitrán tu marea.
Haré tormenta de fuego tu cadera.
Seremos llama que no merma.
Un lienzo de sábanas que recrea
un mar tempestuoso, el mar negro.
Y serás pincel de obsidiana.
Y sobre mi piel de lino coloreará
tu caricia más liviana.

Mi amor...

Es la terquedad del sol
que insiste en amanecer cada día.

Es un viento que se renueva en espirales
capaz de empujar cualquier vela.

Es tu nombre escondido
en un poema.

Es la voracidad de la hiena
más hambrienta.

Es la sonrisa versificada
que se esconde bajo tu mano.

Es una noche en filo
que corta las mañanas en mi regazo.

Es el cariño heredado
de un millón de amantes.

Es el tiempo en mi mano.
Un regalo atemporal.

Es un bálsamo que cura.
Una dulce herida.

Es en esencia
la sorpresa de saber que estamos vivos.

MEJOR ABRÁZAME

¿Cuánto cuesta un abrazo?
¿En cuánto se venden hoy?
¿De acuerdo con la inflación,
al precio del dólar, a la actual recesión,
en cuánto está un abrazo hoy?

¿Nada, no cuesta nada?
Si no cuesta nada ¿por qué no me abrazas?
en lugar de alistar tu lengua para una estocada.

Si su valor es universal,
y es equivalente y proporcional en todas las regiones,
en todos los meridianos.
¿Por qué no me abrazas?

Si la razón de cambio,
es en el acto mismo, un abrazo en recompensa.
Entonces ¿por qué venderlos tan caros?

Por qué si estoy triste,
en lugar de preguntar,
no mejor me abrazas.

¿Es necesario devolver un abrazo?
O será que no se devuelve lo que nace
y se esconde en la memoria.

¿Cuánto cuesta un abrazo
para quien lo entrega?
Cuesta el triunfo sobre el propio dolor.
Cuesta el triunfo sobre la mala escena.
Es el triunfo de la resiliencia.

¿Cuántos abrazos necesitas?
Dime y yo te los daré.

Que nos encuentre

No la esperamos, pero…

Que nos encuentre.
Total, ya es tarde.
Logramos romper el tiempo.
El sueño lo conquistamos.
La vida la desciframos.
(Para aquellos que no aman, no es tarde).

Que nos encuentre.
Total, ya nuestros cuerpos degastamos.
Solo quedan nuestras almas enlazadas.
Ya la incertidumbre domesticamos.
Las dudas las dejamos libres.

Que nos encuentre.
Hemos adornado a la vida.
Le dimos un propósito de ser.
Hemos, en amor, encontrado la salida.

Hemos, con cariño, cultivado las heridas.

Que nos encuentre.
Ya superamos su miedo.
Podemos verla a los ojos,
sabiendo que detrás de sus pupilas
nos encontraremos.
Nos hemos vuelto eternos.

Que nos encuentre
Te encontré. Me encontraste.
Que nos encuentre.

Que nos encuentre.
Total, ya es tarde.
Ya todo de mí te lo di,
hasta la vida.
Qué le queda por quitarme.

Que nos encuentre.
Total, ya todo de ti me diste,
hasta tu vida.
Qué le queda por quitarte
Que nos encuentre.

Café

Tus ojos teñidos color café,
siena natural y, a veces,
color ámbar.

Frente a frente los contemplo.
Me inundan de momentos,
destruyendo la calma,
consumiendo el tiempo.

Línea cristalina de reflejo.
Mirada fina, reflejándolo todo,
a mí como espejo.

Sentirme ajeno si de mí
apartas tus pupilas.
Brillante café
con que me guías.

Hazme sentir en ellos.
Mírame, recuérdame así.
Ojos, café su sello.

Te

Empecé a vivir de enclíticos
cuando, para darle sentido a mis oraciones,
tuve que agregar-te a cada una de ellas.
Ahora mis versos escapan en busca de encontrar-te.
Son libres mis letras, transparentes mis emociones.
Y así empiezo a nombrar-te:
Mis labios no existen si no es por besar-te.
Abrazar es frío si no es abrazar-te.
La ceguera viene de no mirar-te.
La soledad nace de no tener-te.
Mis manos cuidan los sueños que labras-te.
Mi lucha recae en conquistar-te.
Mi victoria crece en alegrar-te.
Mis pasos buscan acompañar-te.
Mis ojos se despintan en iluminar-te.
Mis versos buscan dibujar-te.
Mi lujuria sueña con poseer-te.
Mi cuerpo trata de encerrar-te.
De mi aroma quiero impregnar-te.

El tiempo ruega en detener-te.
La vida se me va en amar-te.
Mi amor nace de conocer-te.
Declaro a la "te" como sílaba inerte
si no nace en pro del verbo
que me ayude a enamorar-te.

Alquimista

Tuve que aprender de alquimia
para ser justo contigo.
Aprendí a transformar trigo
en besos, alma en vendimia.

Aprendí a crearte segundos.
Hechos de vidas pasadas,
de guerras de amor, libradas,
de estos tiempos furibundos.

Sé, ya, las equivalencias
exactas que dicta el arte
para en un beso formarte
a partir de miel y acacias.

Ahora en las porciones justas
el esfuerzo de mis manos
muta en sueños de veranos
que ansían nuestras pieles juntas.

Ahora todo lo vuelvo oro
si es mi razón quien se empeña
en hacer real lo que sueña
tu alma, que tanto atesoro.

Apostar a perder

Quisiste jugar, incluso apostaste.
Apostaste contra mí, contra el viento.
Lo apostaste todo, todo y, presiento,
incluiste lo que recién encontraste.

Para jugar, tus heridas labraste.
Removiste de tu paz el cimiento.
Arriesgaste todo, el cien por ciento.
Contra una guerra que recién libraste.

Jugaste a perder, que bello contraste.
Apostar contra ti, contra tu aliento.
Apostar a costa del sufrimiento.
Perder y ganar. Por amar ganaste.

Buganvilia

Ambos bajo el muro custodiado
por reina púrpura, siempre verde.
Abandonamos lo bien pensado,
dejamos solo aquello que muerde

nuestras arbustivas intenciones.
Un mordisco que libera fluidos.
Flores con pétalos por canciones.
Se libera polen y gemidos.

Contra el muro resbala la húmeda
caricia, discurre con premura,
a paso lento, lengua de seda.
(Símil del pecado y la ternura).

Se detiene el tiempo y se acelera.
Somos manecillas en el muro,
dando la hora exacta de nuestra era.

Somos las llaves al cuarto obscuro.

Dos llaves; somos gotas espejo.
Fina mirada de buganvilia.
Somos de las flores su reflejo;
del muro, la noche y su vigilia.

Condiciones

Si te vuelves torre.
Si te vueles sangre.
Si te vuelves fruto.
Cuando soy débil.
Cuando soy necio.
Cuando soy sol.
Entonces seré joven.

Si te vuelves sudor.
Si te vuelves saliva.
Si te vuelves sexo.
Cuando soy piel.
Cuando soy beso.
Cuando soy humano.
Entonces seré cuerpo.

Si te vuelves cicatriz.
Si te vuelves somnífero.

Si te vuelves escudo.
Cuando estoy herido.
Cuando estoy cansado.
Cuando estoy perdido.
Entonces seré fuerte.

Si te vuelves altiva.
Si te vuelves vientre.
Si te vuelves muerte.
Cuando estoy en el suelo.
Cuando soy un niño.
Cuando esté muerto.
Entonces seré tuyo.

Si te vuelves mía.
Si te vuelves tiempo.
Si te vuelves vida.
Cuando soy tuyo.
Cuando no tengo nada.
Cuando soy herida.
Entonces te amaré.

Arte y flama

Para M. S.

Eres un principio de arte y flama,
verso que inicia y se incinera.
Ardes porque ya eres, y en mis manos
eres beso escrito que pasa a vena,
eres mineral en sangre, sangre por años,
te ensañas, eres sangre a manos llenas.

Eres polvo, eres todo lo que estalla,
eres constelación en cáncer, eres justa belleza
de lo que llamamos justo,
eres en ti misma la eterna flama
que todo lo revienta, a mí como diana.
Ardes siempre sobre aquel que en ti se halla.

Eres mar de fuego abundante,
de óleos sobre lienzo azul.

Eres hija del ojo efervescente
que conspira contra todos.
Eres inconsciente
de todo a lo que das vida,
de lo que en tu nombre se escribe,
se pronuncia y se derriba.

Eres el verso en ceniza que jamás se consume,
la forma imperfecta que siempre encaja,
la composición final que mi ser asume,
el polvo y la diana, eres todo lo que te sé,
lo que te desconozco, lo que en ti me llama.
Eres como ya te dije
un principio de arte y flama.

Siempre

Lo que sea
temporal o atemporal,
tan frágil, tan inquebrantable,
indómito, hogareño,
descalzo o sin pies,
con manos o alas,
cantando o mudos,
sabiendo o no.
Lo que sea
memorable o desechable,
de firma forma o vulgar,
difícil o inamovible,
indetenible o firme,
constante, titubeante,
allí o allá,
aquí o acá,
ahora o nunca,
de pies o de rodillas,
con la cara en alto o en supino.

Lo que sea
de color o antiguo,
cansado o insaciable,
confiado o con miedo,
con vientre o sin vientre,
de por vida o muertos.
Lo que sea, voy a estar siempre contigo.

LAGARTO

No eches culpa en mí por quererte a solas,
por desearte desahuciado y tan harto
de vestidura que rompe en infarto
calzado pecho, sobrio de amapolas.

No lances piedras en forma de areolas
cuando inclines tu escote y yo lagarto
te hunda en giro mortal a obscuro cuarto,
bajo agua submarinas fumarolas.

No penalices mi acucioso tacto,
ni desveles nuestras pieles en galas
sin antes conciliar un pacto exacto

que nutra famélicas esperanzas
de entrega y recelo, de tierra y alas,
y que sucumban prejuicios y lanzas.

Tan reales

I

Tan humano, tan real, como tus manos.
Como el sueño con que abrazas la vida.
Tan nosotros, tan reales, tan humanos.

II

Tan de piedra soy, como aquella costa
con que se suicida tu cuerpo de ola.
Tan suicida como tu boca angosta.

III

Tan terrenal, como muslos de piedra,
como esos muslos tuyos que envenenan
mi alma, con esas bayas, como de hiedra.

IV

Tan elevados, tan rotos, cual cohetes
ascendemos, espirales, explotamos
y caemos en cama cual ramilletes.

V

Tan subversivos y tan decididos,
cual hambre que impulsa a leones famélicos,
a desgastarnos; de amir tan vencidos.

Sucinto

I

Mis ganas de ti,
mis antojos de tu cuerpo,
los tuve que saciar con vino.
Tanto vino que escribo ebrio.

II

No tengo lugar en esta vida.
Si mi vida está contigo
y él en mi lugar.

III

Contra esas bestias tuyas,
finas, escarpadas, indómitas,
dispuse yo, mi caza.

IV

Soy ahora baúl del secreto
del sabor de tus labios.
Aquel sabor por el que apuestan
reyes sus coronas.

V

Escribió una vez frente al espejo
un poeta vulgar:
"Eres lo más pinche hermoso
que he visto
en mi perra vida.
Por favor, nunca me faltes".

VI

Estrella de lava,
albina esperanza
de tez congelada,
brillas roja sombra
en la obscuridad
del día.

VII

Eres viento,
penetras agonizante,
sin más que tu sucio viento,
que cauteriza mis penas,
y me libera al instante
para entrar en tus pulmones
y sentirte en cada vena.

VIII

Ligera te deslizas,
te desvaneces
estructura delgada
por entre mis labios.
Flotamos equidistantes
de la pupila que nos mira
por instantes.

IX

Eres lirio en sueños,
flor abundante,
deseo de tu cariño
ser dueño.

Todo, menos olvido

Te percibo entre mi tiempo y migajas,
lejana a todo; menos olvidada.
Tú entre mi sangre, tan asimilada,
tan permanente, toda tú te encajas

en mis dientes, cuando escapa tu nombre.
Residuo de mil noches en mí dejas.
No hay piel, mirada o mujer que me asombre,
nada se ve nuevo bajo mis cejas.

Todas las pieles parecen marchitas.
Pruebo labios y son todos ríos secos.
Aún guardo la revolución que incitas,

desnuda, dentro de mi vena diáfana.
Todavía te guardo en mis ojos huecos
que te miran siempre sombra liviana.

Un sueño

Querías un ramo de versos y me encontraste.
Querías una batalla perdida y me buscaste.
Soñaste una tormenta, me viste, y entraste en ella.
Soñaste con perder la cordura y la perdiste junto a mí.
Querías perderte entre otros brazos y me abrazaste.
Querías morir de sentimiento y en mí pensaste.
Soñaste con morir de amor sedienta y me bebiste de un trago.
Soñaste con perder el rumbo y en mí te encontraste.
Querías una vida entera y me hiciste diana de tu capricho.
Querías entregar tu vida y a mí me la otorgaste.
Soñaste con rescatar los días perdidos y en mí los recuperaste.
Soñaste con amar y en mí te amaste.
Soñaste con ser amada y en mí lo encontraste.

Una noche

Eterna.

En un descuido
se acostó con la inmensidad.
Durante la noche todo fue eterno,
a la mañana, infinito.
Todo era inmenso.
Inmenso como la nada.
Tan inagotable como sus labios.
Y como todo lo inmenso,
no tiene fin,
pero sí guarda un principio.
Es recipiente con cuerpo y alma.
Es alma e idea sin cuerpo.

VICTORIA

Sin H sería un error.

Vienes con la lluvia.
Inicias con la sílaba que da vida a este problema.
Coraza de Cortázar.
Todo esconde tu nombre.
O será que busco tu nombre en todas partes.
Ríe el día contra mí, y a veces hasta me maldice.
Incendia el sueño que ayer soñé, tiene celos.
Ha de ser por la sonrisa que te he robado.

Por ti

Días intranquilos preguntan por ti.
"¿Cuánto es que te necesito?" Inquieren.
¿Qué harían las almas nuestras si se vieren?
Que… si a los meses pregunto por ti.

Tanto por ella mi alma desvestí.
Las almas que se nutren, nunca mueren.
Deseo todos mis meses suyos fueren.
¿Por ti, en qué, mis manos convertí?

A la vergüenza y miedo dimití.
Contra todos, que de mi amor difieren.
Díganme ¿Qué amantes, de amor no mueren?
¿Cómo fue que en tus brazos existí?

Que sepan que jamás me arrepentí.
Viví de frutos que alegrías confieren,
Versos que a sus almas fortalecieren.
Viví el corazón en mano por ti.

Mujer de piedra

I

Me gusta el espacio que crean tus pasos,
allí tu cuerpo de piedra reposa
entre futuro y carne, sin retrasos,
allí donde habitas mujer furiosa.

II

Avanzas con esos muslos de piedra,
y a tu paso se derrama bebida
que envenena mis extensiones de hiedra,
y llena mis bayas de nueva vida.

III

Me encantas mujer de piedra, alma de agua,
tú y todos tus venenos, tu sabor.
Tu amor es metal, es flama de fragua,
lienzo de besos para mi dolor.

Segundo segundo

Eres hermosa
y tu belleza dura un segundo.
Después de eso solo queda tu alma
que es aún más bella.
Después de ese segundo que destruye la calma
viene el amor.
El amor nace en el segundo segundo.
El primero como ya te dije es de tu belleza.
Y no puedo amar si estoy embelesado.
Pero después de ese segundo.
Una vez tu belleza he asimilado.
Entonces sí, lo que me diga tu alma
determinará si quedarme o no a tu lado.

DEL EJÉRCITO

No eres la noche que te deshidrata,
ni el empeño congelado del día.
Sí, tú, lengua desatada e impía,
solo tal vez la figura más grata.

Obscuro cómplice de ojo de plata,
te reconozco lánguida cortesía,
inquietante, confusa noche y día.
Monumento de aquello que nos mata.

Reconozco que algo de noche tienes:
misterioso viento en tus piernas trémulas
que desconozco cada vez que vienes.

Anticipo que del día regalo eres:
ser que te vistes de flores y fábulas.
Una del ejército de mujeres.

Ojo efervescente

I

Conspiras contra el mundo
para contarle a nadie
los secretos de los enamorados,
y de los que no lo están.

II

Ojo menta, sin párpados,
tus pestañas se cayeron al mar.
Eres uno con el agua.

III

Ojo abigarrado,
protector de sueños y pecados,
de pinceladas y caricias.
Tu vista se ha vuelto catarata
porque nunca duermes.

IV

Conspiras contra todos
los embelesados de tu enemigo.
No te conocen magnolia,
seno blanco de leche mineral.

V

¿Cuántos secretos albergas, ojo blanco?
¿Cuánto escondes, gigante de nácar?
Conspiras contra el silencio,
y traicionas al ruido.
Abrigas al mudo y al escandaloso.
Perpetras los planes del ser silente.
Escondes las intenciones del inocente.

VI

Eres única.
Solo tú reflejas tan bien la muerte.
Solo tú haces bella la vida.
No mengüe tu sonrisa perfecta
Ni cuando eres nueva.

Eso que tú eres

Cuando te leo me dan ganas de hablar de todo,
de ser desde dentro y de venir desde afuera,
de ser masa y de ser solo espiga, ser era.
Me dan ganas de volverme estridor silente,
de volverme eso que tú eres, de ser simiente,
ser completo, ser pedazo, ser parte o nada
de un sol estrellado, de una nube cortada,
según la conveniencia ser imperfecto o no.
Me dan ganas de volarme y, sí, de regresar
de encontrarte de nuevo, de volverte a besar.

Sentir hasta la vida tuya, que hago mía
en las palabras olvidadas, compartidas,
que dejaste en estas páginas bien vividas.
Ganas de ser truco, sentimiento y velero,
ser hombre, reflejo, verso, diurno, sincero.

Eso que tú eres me confunde, me refrenda,
me rehace, me diluye y hace que trascienda.
No encuentro yo mejor lugar que en todo aquello
en lo que das a luz, en que te depositas,
aquello en que naces y lo que resucitas.

Entre nosotros

Entre tus piernas
cabe mi tiempo.
En tus lunares
están mis ojos.
Entre ambos:
Mi tiempo
y tus lunares,
lo cabe todo
y cabe aquello
que no se olvida
como tu cuerpo,
como tu sangre.

MÁRMOL

Cuando llegue al cuello el musgo,
las hojas naden al suelo,

nuestro principio termine,
y mis ganas tuyas mueran,

encuéntrame en el abismo,
recoge ojos socavados,

pierde el tiempo, las memorias
y nada conmigo al mármol.

Entre poemas

Entre mi pulgar y el índice,
allí te siento.
Entre la hoja y ambas manos,
allí te enfrento.

Con la tinta te dibujo,
como cuando mi mano te acaricia.
Con mis versos te describo,
como cuando mis labios te susurran.

Entre mis ojos y el papel,
allí te observo.
Entre sombras y mis letras,
allí te encuentro.

¿Qué será de ti cuando la tinta se acabe?
¿Qué será de ti cuando mis versos terminen?
Tal vez te olvide,
porque no estarás más conmigo.

¿Qué será de mí cuando mis labios se sequen?

¿Qué será de mí cuando se termine el poema?

Tal vez nos odie,

o, tal vez, vuelva a escribirte.

Cruel e inmadura

I

Consumido el tiempo yace
esperando tu vaivén.
Tu imagen en mí quedase.
Suplico: ¡madura y ven!

II

Destrozaste escudo, yelmo.
Mi rostro libre ante ti.
Amor del que tanto temo,
ciego y entregado a ti.

III

Incomprensible el zaherir.
Tu mano como una daga.
Tus besos de malherir
en un pecho que se apaga.

Te quiero

Quiero beber el agua de tus muslos apretados.
Quiero arrancarte los labios de un beso.
Quiero estar tan adentro de ti, que mi psique se fracture.
Quiero morderte los senos.
Quiero desprenderte de los brazos de la ternura.
Quiero poseerte, tan cerca, tan tuyo.
Quiero madrugarte en la cama.
Quiero ahogarte en mi lengua.
Quiero verte desnuda, mujer de obsidiana.
Quiero vestirte en sudor y sombra.
Quiero estrujarte frente al sol y la luna.
Quiero derretir tus piernas de vidrio.
Quiero levantar una casa en tu ombligo.
Quiero una huelga de piernas entre tus piernas.
Quiero clavar mi cadera a la tuya.
Quiero beber tu sangre taurina.
Te quiero tan mía, que se nos olvide quien soy.

Sin miedo

Me encantas porque eres, porque no me huyes,
porque no tienes miedo a las palabras,
porque hablas siempre encarnada, así fluyes,
sin miedo a la herida que tosca labras

en mi pecho, que tampoco te teme.
No tengo miedo de herirte, ni a crearte
un cielo de fuego que todo queme,
tu soledad, la mía. No temo amarte.

Me agradas más afuera

En mi mente
te visto y te desvisto
y no me agradas:
Ni como maja desnuda
ni como maja vestida.
Ni puta, ni muy puta,
ni santa, ni intermedio.

Ni en pose de David, ni como Goliat.
No me agradas:
Porque en mi mente
te destruyo y te compongo,
te hago horrible, indeseable.
O al contrario te hago hermosa,
te hago diosa inalcanzable,
y, aun así,
no me agradas.

Pero, en vida, cómo me agotas, mujer,
no logro cambiar uno solo de tus cabellos.
Si te desvisto, te vistes,
si te visto, permaneces desnuda.
Cuando quieres eres lengua sórdida,
o mujer sin lengua, con palabras claras;
y cuando no, solo escuchas.

Como me mata, mujer,
que, si despiertas autodestructiva,
o en pro de construcción etérea.
Que, si juegas a desearme,
que si me rechazas.

Cómo te me subes, mujer,
que no tengo ya nada que escalar.
Que, si juegas a caminar dormida,
que si te despiertas en tiempo apoteósico.

Cómo me asombras, mujer.
Que, si tu sombra es sombra abigarrada,
que, si tu cuerpo es cuerpo de agua,
que, si mi amor y tu amor, y nada,

que, si la muerte nos desconoce.
Cómo me encantas, mujer,
aquí donde los ecos mueren,
aquí donde vivir deja cicatrices,
aquí fuera de mi mente.

TE CONOCÍ

Te conocí callada,
guardando honor a quién sabe qué viejo amor,
guardando tu voz.
Pero, así como amas,
está perfecto.
Mas yo tengo también
verdades que decirte:

No quiebres tu pecho,
porque los corazones nacen todos rotos,
ni mengües tus caricias,
porque solo de ellas se aprende
quién es verdadero.
No escondas que eres sensible,
y mucho menos que puedes ser agresiva.
Guarda tu voz, sí,
eso está muy bien,
pero jamás te quedes muda;
no lo vale ni el secreto más grande entre naciones.

Decir 'no'
se dice más allá de la lengua,
pero no hace falta más que pronunciarlo,
el hombre que no lo entiende no te merece.
Tienes derecho a cambiar de opinión
ahora, en el segundo último y, aún después.

De ti todo cuenta,
tu silencio cuenta,
de otro modo no es verdadero,
y lo que no es verdadero no puede ser amado.
Está bien guardar honor
a los amores que aún despedidos guardan respeto,
y aquellos que no, no valen ni ofenderlos.

Está bien que guardes tu voz,
no te preciso hablando,
que el que habla por hablar solo mastica dientes.
Yo te preciso de amor abierto.

Estar de amor abierto
significa no que vivas esperanzada

a que llegue un príncipe,
los príncipes mueren cuando aprenden a hablar,
significa que estés dispuesta
a amar con todo lo que tienes y con todo lo que te falta,
no antes, sino hasta entonces,
que lo conoces.

Te conocí callada,
no muda, ni de alma silente,
guardando honor a quién sabe qué viejo amor.

ENFERMO

Lo que te han dicho es cierto.
Es verdad que cuando despierto,
despierto cansado de ti,
harto de ti.
Que conforme avanza el día
más me saturo de ti.
Me desbordo de ti.
Huyo de ti.

Es verdad que ni tu nombre digo
para no vivir en ti.
Que no piso tus huellas
para no volver a ti.

Todo es cierto.
Al dormir dejo las sienes apretadas
para que no entres
y amanezcan cansadas.

Certeza tienen al contarte
que me desvelo.
Que temo cerrar los ojos,
por los lienzos de tu figura
que pintaste en el reverso
de mis párpados.

Con franqueza lo digo:
He dejado de comer.
Todo me sabe a ti.
Todo me llena de ti.
Con sinceridad lo reconozco:
Estoy enfermo de ti.

Bella

Blanca, inagotable,
pálida; absorbida por las pieles.
Eres justa belleza.
Alejada de los infieles.

Hermosa en ti misma.
Encelan hermosas
las distintas a ti.

Consabida belleza.
Sobre ti tiempo no cae.
Sobre tu cuerpo gozan
minutos esquivados de tu belleza.

Te renuevas
cada día,
residuo de la noche anterior.

Te soñé...

Tan desnuda como el otoño
peleando por la vida de hojas muertas.
Tan transparente como el humo,
volviendo diáfana mi espera.
Tan decidida, como reina de Ítaca,
a esperarme.

Tan voraz como mujer de plomo,
decidida a pelear mis tristes guerras.
Tan audaz como tú misma,
empeñada a cuidar de mi pecho.
Tan auténtica como un colibrí,
dispuesta a revolotear mi pasado.

Te soñé...

Tan obscura como tinta negra,
dispuesta a mancharme de ti.

Tan violenta como un mirlo
protegiendo lo que es tuyo.
Tan atenta y perdida,
tan acertada y errada.

Te soñé…

Tan esperanzadora cual luciérnaga.
En tu nombre va mi esperanza.
Tan tímida como el sol.
Te escondes tras el brillo de tus ojos.
Tan verdes como el musgo en tus alas.
Tan desbordada como el Amazonas.

Tan seductora en pijama de magnolia.
Tan solitaria como yo sin ti.
Tan enamorada de ti misma.
Tan tú. Tan inefable.

Te soñé…

Amarte

Lograrte, poseerte, amarte,
desearte, besarte, pensarte.
Olvidarte nunca.
Llorarte, perderte, encontrarte,
vivirte, odiarte, martirio, desaire.
Amarte, quererte, estrujarte.
Arrancarte el pecado a besos.
Cuidarte, protegerte, curarte.
Volver a amarte, acariciarte,
tocarte, derrumbarte, mirarte,
desnudarte, vacía, eterna, mía.
Llenarte, enamorarte, vivirte,
servirte en un vaso de abrazos.
Levantarte, caer contigo, ayudarte.
Salvarte, salvarme, salvándonos.
Mudarte de piel, cambiarte
con la mujer del espejo.
Comerte, respirarte, devorarte.

Esperarte, cargarte, alentarte.
Pelearte, dejarte, recuperarte.
Caminarte a ciegas, andarte,
seguirte a plena luz.
Gozarte, temerte, asustarte.
Refrendarte.
Buscarte, descifrarte, hallarte.
Morirte, matarte, alucinarte,
revivirte, sentirte.
Sanarte, aliviarte, y a veces, entenderte.
Así es amarte.

FÚMAME

Resulta ser que detestas el cigarro.
Pero adoras fumarme envuelto en tu mano.
Y me exhalas en cortinas de humo abigarrado.
Soy la nicotina de tu vicio más humano.

Sé que adoras tenerme entre tus dedos
y también el olor que impregno en tu piel.
Adoras ver cómo quemo tus miedos.
Adoras sentir que derrito tus labios en miel.

Resulta que amas quemarte las yemas.
Porque nada te sabe tan bien como un beso
que te hace sentir el alma en llamas.
¡Y yo adoro incendiarte, lo confieso!

Así que aprovecha cada una de tus bocanadas
Porque desde aquí puedo cauterizar tus penas,
revivir tus caricias congeladas.
Hacerte sentir de amor tan llena.

GIRASOLES

Te van bien los girasoles.
Te pareces a ellos (reina del verano).
Giras ninfa tu rostro
en busca del sol, en busca de amor.
Es tu rostro un sol encendido.
Son los lunares tus semillas
que gustan de sembrar posibilidades.
Porque todo es más bello
cuando no se habla de fechas, de días,
ni de nombres.
La belleza de lo inesperado.
La forma que desconocemos.
Así todas tus semillas laten.
Todo bajo el sol late.

Te van bien los girasoles.
Ley invertida de la naturaleza.
Giran el sol y la luna

al ritmo de tus pupilas.
Y nada se desvía ni queriendo.
Es tu dirección la mía.
Eres la luz que traza el camino.
La esperanza a tu raíz se fía.
Eres la flor que adorna al destino.
Te van bien los girasoles.
Tan bien como mis pupilas
que llevas colgadas de tu sonrisa
como dos pendientes.

TUS MIRADAS

Como yo te veo…

Me iluminan tus miradas perdidas.
Se han volado al universo, chocando
con las mías, que también volaron.
Me encantan tus miradas desviadas.
Nacidas hacia mí, avergonzada,
esquivas nuestro encuentro sutilmente,
con tu rostro encendido, apenada.
Me enamora si tus ojos son dagas,
me miran en lo secreto y se clavan
aunque yo no los vea, profundo, suave.
Me gustan mucho los encuentros vivos.
Cuando rozan titubeantes miradas
de fines distintos y encontradas.
Amo tus miradas.
Aquellas que me ofreces como agua.
Cuando rostro a rostro, pecho a pecho,
te paralizas para reflejarme,
y detonas el instante en un beso,
el beso en gracia, la gracia en felicidad.

Volar y arder

Aprendí a volar y a arder
casi al mismo tiempo.
Aprendí de fugitivo largo incendio.
Consumar derecho y tempo.
Para volar tuve que inmolar.
Tú me enseñaste a arder.
Redujiste mi cuerpo a cenizas,
a polvo. Asegurando que es más bello
ser parte de todo.
Caer en tierra y renacer en olmo.
Aprendí a volar por ella.
Solo lo que se consume
logra la naturaleza que su cuerpo asume.
La liviandad que nos une.
Estado ingrávido.
Estado subversivo: la razón de estar
y sentirse vivo.
Eres la belleza a la que aspiro.

Por tocarte aprendí a ser mirlo.

Soy ceniza que danza en espirales.

Vuelo, vuelo y miro.

Miro con flama en la pupila.

Ardí por amor.

Por amor aprendí a volar.

Mujer taurina

Voy a regalarte un día.
Un día de inverno.
Un día que celebre la conquista de los perdedores.
La cornada del toro sobre el torero.
Un día que reconozca tu sangre de mujer taurina.

Voy a regalarte un mes.
El mes de octubre.
Un mes que reconozca tu grandeza.
El mes de las lunas llenas.
Un mes de marea roja, marea de sangre.
Sangre de mujer taurina.

Voy a regalarte una de las manecillas
del reloj.
¿Cuál eliges?
La que apunta a tus horas tristes.
La que apunta a tus minutos felices.

De ambas aprendiste.
Voy a regalarte un reloj
que da la hora exacta en que se renueva
tu aliento taurino.

Voy a regalarte algo perdido.
Un deseo, algo extinto ¿qué te parece?
Un adelanto del futuro.
Será como un arete
que adorne tu cornamenta.

Voy a regalarte media vida.
Medio aliento en cada intento.
Voy a regalarte la estrella a punto de estallar
y que su furia cubra de brillo
tu furia taurina.

Voy a regalarte un campo de trigo.
Y otro de tulipanes.
Voy a regalarte un abrigo
que caliente tu figura.
Tu figura desafiante.

Voy a regalarte mi pecho de capote.
Pero este no se ondea ni esquiva.
Tampoco esconde una daga, ni banderilla.
Su rojo solo advierte el cariño
de un amor taurino.

Fuego

Juegas a quemar, fuego y amar.
Quemas y luego no sabes qué más.

Más que todo, hueles a mar.
Mi ego doblego, ni hablar.

Reniego su juego y pierdo al armar.
Fue gozo sabernos quemar.

Aunque más quiero sosiego,
es bravo su martirio labrar.

Aún quemas a este labriego,
y ya qué más da.

Una noche de mayo

Inventé en tu nombre una noche,
una noche en el calendario de los desesperados.
Agendé en tu calendario
una cita en día de los olvidados.
Una cita con tu boca
para regalarte un abrigo de besos.
Besos de magnolias.
Magnolias de sal.
Sal del mar muerto.
Muerto está mi silencio.
Mi silencio es tuyo,
pues supiste ganarte mis palabras.
Palabras que ganaron eco,
es la noche eco de tu nombre.
En tu nombre inventé una noche...

La historia de tus lunares

Se levantaron con miedo
al notar que había robado sus tesoros.
Robé los puntos más bellos del decoro.
Robé aquello que escondían con recelo:
Los puntos finales del universo,
los puntos suspensivos de un amor infinito.
Había robado las gotas negras
de un mar que los dioses se habían guardado.
Tenía ahora entre mis manos magnolias negras
dispuestas a adornar tu piel de nardo.

Apresurados buscaron sus diamantes negros,
los ópalos de una cosecha interminable,
ojos negros de diosas dormidas.
Descubrieron en mí el rastro salpicado,
era irrefutable que,
de tal robo, era yo culpable.
Por amor, el hijo amado, había robado.

Por amor a una criatura de la tierra.
El precio fue el exilio.
Furiosos los dioses, me arrojaron del mar,
pues no podían recuperar sus rubíes negros.
Los había incrustado en tu piel.
Ay de ti que oses caminar en la arena,
porque morirán los dioses
al verte portar las voces de un millón de amores.

Lo que llamas lunares, son fruto de una guerra
que libré contra tus creadores, una guerra
donde todos salimos vencedores.
No hubo mejor lienzo que tu piel
para esos diminutos universos negros.
Y es que hasta los dioses ahora lo saben.

A mí me queda el exilio,
pero guardo un mapa en las gotas salpicadas
de mi torpe rapiña.
Un mapa de lunares que alumbra mi camino.
Un mapa de lunares que me ha de llevar a los tuyos.

Tiempo

Siempre hay tiempo.
El que quiere alarga los minutos
y vuelve las semanas de ocho días.

Siempre hay tiempo.
El que quiere congela las máquinas
de Cronos, y levanta el castigo
de la temporalidad que nos han dado.

Siempre hay tiempo.
Porque se necesita un segundo para decir te amo
y una vida para demostrarlo.

Por cariño uno detiene lo intangible.
Congela las gotas de lluvia
justo en medio de un beso.

Por ilusión se atreve uno a saltar en el tiempo
y vuelve a los recuerdos, y esa forma
de sentir la vida tan propia, tan de ella.

Siempre hay tiempo.
Tanto como para al menos un abrazo.
Tanto como para al menos una mirada.
Tanto como para amarse en un segundo.

Siempre hay tiempo.
Por amor el tiempo se multiplica
y se vuelve una batalla de mil caminos.
Luchas por tus sueños, por sus sueños,
y por aquellos de pareja.

Siempre hay tiempo.
Como para desperdiciarlo juntos.
Viéndose, acariciándose, haciendo nada.
Tanto como para regalarlo.

MUJER

Amanece, y amanece desnuda.
Avanza el día, y ella desborda los días.

Bajo sus ojos estrellados
duerme un león abigarrado.

Sabe que el mundo le pertenece
y sabe que es capaz de todo.

Enuncia una vida, y ésta se aproxima.
Cuan poderosos son sus labios.

Mira como si el tiempo se desgastara.
Sabe que si algo nunca se desgasta
es el tiempo. Pero sí su belleza;
pero guarda una mayor tras sus ojos.

No le preocupa el aire.
Los remolinos de su cabello son perfecto clima.

No le preocupa la voz que contra ella se levante.
El peso de su palabra lo guarda en sus obras.

Sabe que la vida nada le debe.
Pero empeña su alma en devolver lo que no tiene.

Camina y siente su paso.
Porque su huella no queda en el cemento.

Entristece y recuerda. Lo vive bien.
Porque entiende que es obligación de todo vivo
explotar cada sentir.

Se alegra, se desborda, se enamora.
Nada se ve tan transparente como una mujer enamorada.

Le da por ser otoño, ser marzo, ser invierno.
Porque sabe que todas las estaciones le quedan.

Si un día despierta encabronada,
entonces, se ve terriblemente hermosa.

Apuesta contra el sol a que ella amanece primero.
Adora conquistar apuestas imposibles.

Sueña en cada centímetro sobre su cama.
Porque sabe que lo sueños se cumplen.

No castiga sus errores, les agradece.
No llora sobre su herida, la aprende.

No pregunta a la vida el porqué de tantas cosas.
Asimila y emprende.

Es objeto de su destino
formar su propio camino.

Qué bonito se aprecia el norte,
si ella es quien lo mira.

Nunca da nada por conseguido.
Nunca da nada por perdido.

Sabe que para volar debe vencer al vértigo.
Sabe que para nadar debe vencer a las olas.

No sabe si es un camino de ida y vuelta.
Ante la duda, no se guarda nada para el regreso.

Labriego

Todo es verde, el musgo y tus alas.
Mi voz es ceniza. Mi piel húmeda
guarda órganos de lava, de seda.
La ruta que construyes y amparas.
Camino en piel de tu siervo queda.

Mis manos son abono y labriego.
Tu pecho de alcatraz amarillo
parte a tierra su duro colmillo.
Alimenta mi patria y sosiego.
Prepara mis labios de casquillo

que detonan semillas en ráfagas
de besos; mientras labran tu piel.
Endulzas bayas de letal hiel.
Aras con dagas y clavas ráfagas
en mi alma para que brote miel.

VIOLETA

Tu azul no brilla.
Y no es por mí.

Te sientes transparente.
Pero yo te miro.

Crees que estás distante.
Pero yo te siento.

Te sientes libre y sola.
Y yo, completo.

Te sientes y piensas así.
Pero no es por mí.

Piensas que eres ajena.
Pero yo soy tuyo.

Crees que nadie te ama.
Y yo muero.

Mi rojo no brilla, llora.
Y es por ti.

Miramos la misma luna.
En cada sombra.

La misma lluvia.
Por corazones distintos.

Tu azul y mi rojo.
Jamás serán violeta.

Eternos

Flotamos, ambos fuera de uno mismo.
Mientras suave nos mantenían unidos

las miradas perdidas del abismo.
Construimos de acertijos nuestros nidos.

Y mientras el tiempo avanza violento.
Todo a nuestro alrededor se marchita.

Pero nuestra historia avanza tan lento
que la muerte nos desconoce y quita

de nuestros cuerpos la condena escrita
de temporalidad, que ya no siento.

A MEDIA LUZ

Desnuda allí a media luz.
Tu figura de obsidiana.
Alerta mi piel liviana.
Te filtras mujer de tul.

Allí a media luz desfilas
desnuda ante mis demonios.
(Alardeas de tus dominios).
Atentos a mis pupilas.

Tu piel les da la claridad
que en su vida necesitan.
Fieles a aquello que incitan
tus caderas. Su sobriedad

depende del fugitivo
fulgor que escapa por entre
tus piernas. La luz que filtre
frente al sol tu cuerpo altivo

saciará al torpe, famélico
cuerpo de demonios ciegos;
que alertas prenden sus fuegos,
emprenden marcha al son bélico.

Declaran tu piel su tierra.
Buscan izar mi bandera
sobre tu vientre de higuera.
Mi boca será la sierra

que abra paso entre tu boca
y nuestra guerra instintiva.
Y de forma primitiva
el amor que nos sofoca

será libre entre gemidos,
lanzas, caricias, abrazos.
A media luz entre brazos
terminaremos vencidos.

BERMELLÓN.

La verdad es que todos los colores son poesía. Cada uno es un poema, y cada color tiene distintos registros de tonalidades. Así, cada uno es un sentimiento. Pero los colores no son estáticos, mejor dicho, no solo saben ser estáticos. Tienen muchas formas y diferente carácter. Los hay inmóviles, firmes al pensamiento, inamovibles y, no miento: los hay indetenibles, constantes en su marcha, su fuerza es brío insostenible (lo sabe el rojo). Los hay inmutables, atemporales, perpetuos; esos que van clavados en la memoria, imperturbables. Los hay de lujuria, de pieles y fluidos. Colores que despiertan jauría entre dos cuerpos. Los hay santos, inmaculados, impolutos; justos para el traslúcido manto, colores puros. Los hay los que visten las putas y las muy putas; colores chirriantes, divertidos, casi puedes ver sus bocas parlantes.

Todo lo vuelven poema, todo lo transforman. Que, si es distinto el tono del poema de tus piernas, de tus ojos, de tus senos, de tu sonrisa a los de otras piernas, otros ojos, otros senos, otra sonrisa. En todo se transforman. Los hay de muerte y de perdición, acentuados en neón, vaticinan su suerte. Los hay de mutación, colores camaleónicos, darwinianos, de evolución. Los hay aburridos, tranquilos, expectantes, los hay incluso podridos. Los hay mentirosos, hipócritas, colores malvados, colores que engañan; hijos de puta cómo engañan. Los hay infinitos, inconmensurables. Los hay finitos, conmensurables. Los hay de todo tipo, de todo sentido, de todo pensamiento; de uno o varios sentimientos. Y si habláramos de combinaciones, sería un libro infinito de poesía. Pero de todos los poemas mi favorito es aquel con que te pintas: Bermellón.

www.ingramcontent.com/pod-product-compliance
Lightning Source LLC
LaVergne TN
LVHW091147080826
845145LV00008B/2285
9781970263350